VIVIAN TENORIO

The GRATITUDE JOURNAL

This journal belongs to:

_____

VIVIAN TENORIO

The GRATITUDE JOURNAL:
five minutes a day to a happier you

BY VIVIAN TENORIO

JAV PUBLISHING

Copyright © 2017 VIVIAN TENORIO

All rights reserved. This book may not be reproduced in whole or in part, stored in a retrieval system, or transmitted in any form or by any means electronic, mechanical, or other without written permission from the publisher, except by a reviewer, who may quote brief passages in a review.

www.viviantenorio.com

Printed in the United Stated of America

ISBN-10: 1546311947
ISBN-13: 978-1546311942

The GRATITUDE JOURNAL

"Acknowledging the good that you already have in your life is the foundation for all abundance." -Eckhart Tolle

DEDICATION

mom
I love you

Date: _____

I am grateful for

I am grateful for

I am grateful for

I am grateful for

"A proud man is seldom a grateful man, for he never thinks he gets as much as he deserves." -Henry Ward Beecher

Date: _____

I am grateful for

I am grateful for

I am grateful for

I am grateful for

Date: _____

"A simple grateful thought turned heavenwards is the most perfect prayer."
-Doris Lessing

I am grateful for

I am grateful for

I am grateful for

I am grateful for

Date: _____

I am grateful for

I am grateful for

I am grateful for

I am grateful for

The GRATITUDE JOURNAL

Date:

I am grateful for

I am grateful for

I am grateful for

I am grateful for

"A single grateful thought toward heaven is the most perfect prayer."
-Gotthold Ephraim Lessing

Date:

I am grateful for

I am grateful for

I am grateful for

I am grateful for

Date: _____

I am grateful for

I am grateful for

I am grateful for

I am grateful for

Date: _____

"Be grateful for luck. Pay the thunder no mind - listen to the birds. And don't hate nobody." -Eubie Blake

I am grateful for

I am grateful for

I am grateful for

I am grateful for

The GRATITUDE JOURNAL

Date:

I am grateful for

I am grateful for

I am grateful for

I am grateful for

Date:

I am grateful for

I am grateful for

I am grateful for

I am grateful for

Date:

I am grateful for

I am grateful for

I am grateful for

I am grateful for

Date:

I am grateful for

I am grateful for

I am grateful for

I am grateful for

The GRATITUDE JOURNAL

Date: _____

I am grateful for

I am grateful for

I am grateful for

I am grateful for

Date: _____

I am grateful for

I am grateful for

I am grateful for

I am grateful for

"Find the good and praise it." -Alex Haley

Date: _____

I am grateful for

I am grateful for

I am grateful for

I am grateful for

Date: _____

I am grateful for

I am grateful for

I am grateful for

I am grateful for

The GRATITUDE JOURNAL

Date:

I am grateful for

I am grateful for

I am grateful for

I am grateful for

Date:

I am grateful for

I am grateful for

I am grateful for

I am grateful for

Date: _____

> "Be grateful for the home you have, knowing that at this moment, all you have is all you need." -Sarah Ban Breathnach

I am grateful for

I am grateful for

I am grateful for

I am grateful for

Date: _____

I am grateful for

I am grateful for

I am grateful for

I am grateful for

The GRATITUDE JOURNAL

Date:

I am grateful for

I am grateful for

I am grateful for

I am grateful for

Date:

I am grateful for

I am grateful for

I am grateful for

I am grateful for

Date:

I am grateful for

I am grateful for

I am grateful for

I am grateful for

Date:

I am grateful for

I am grateful for

I am grateful for

I am grateful for

The GRATITUDE JOURNAL

Date:

I am grateful for

I am grateful for

I am grateful for

I am grateful for

Date:

I am grateful for

I am grateful for

I am grateful for

I am grateful for

"Happiness is itself a kind of gratitude." -Joseph Wood Krutch

Date:

I am grateful for

I am grateful for

I am grateful for

I am grateful for

Date:

I am grateful for

I am grateful for

I am grateful for

I am grateful for

The GRATITUDE JOURNAL

Date:

I am grateful for

I am grateful for

I am grateful for

I am grateful for

Date:

I am grateful for

I am grateful for

I am grateful for

I am grateful for

Date:

I am grateful for

I am grateful for

I am grateful for

I am grateful for

Date:

I am grateful for

I am grateful for

I am grateful for

I am grateful for

The GRATITUDE JOURNAL

Date:

I am grateful for

I am grateful for

I am grateful for

I am grateful for

Date:

"Believing: it means believing in our own lies. And I can say that I am grateful that I got this lesson very early."   -Gunther Grass

I am grateful for

I am grateful for

I am grateful for

I am grateful for

Date:

I am grateful for

I am grateful for

I am grateful for

I am grateful for

Date:

I am grateful for

I am grateful for

I am grateful for

I am grateful for

The GRATITUDE JOURNAL

Date:

I am grateful for

I am grateful for

I am grateful for

I am grateful for

Date:

I am grateful for

I am grateful for

I am grateful for

I am grateful for

Date: _____

I am grateful for

I am grateful for

I am grateful for

I am grateful for

Date: _____

I am grateful for

I am grateful for

I am grateful for

I am grateful for

The GRATITUDE JOURNAL

Date:

I am grateful for

I am grateful for

I am grateful for

I am grateful for

Date:

I am grateful for

I am grateful for

I am grateful for

I am grateful for

"Choosing to be positive and having a grateful attitude is going to determine how you're going to live your life."   -Joel Osteen

Date:

I am grateful for

I am grateful for

I am grateful for

I am grateful for

Date:

I am grateful for

I am grateful for

I am grateful for

I am grateful for

The GRATITUDE JOURNAL

Date:

I am grateful for

I am grateful for

I am grateful for

I am grateful for

Date:

I am grateful for

I am grateful for

I am grateful for

I am grateful for

Date: _____

I am grateful for

I am grateful for

I am grateful for

I am grateful for

Date: _____

I am grateful for

I am grateful for

I am grateful for

I am grateful for

The GRATITUDE JOURNAL

Date:

I am grateful for

I am grateful for

I am grateful for

I am grateful for

Date:

I am grateful for

I am grateful for

I am grateful for

I am grateful for

Date:

I am grateful for

I am grateful for

I am grateful for

I am grateful for

Date:

I am grateful for

I am grateful for

I am grateful for

I am grateful for

The GRATITUDE JOURNAL

Date:

I am grateful for

I am grateful for

I am grateful for

I am grateful for

Date:

I am grateful for

I am grateful for

I am grateful for

I am grateful for

Date: _____

"Courtesies of a small and trivial character are the ones which strike deepest in the grateful and appreciating heart." -Henry Clay

I am grateful for

I am grateful for

I am grateful for

I am grateful for

Date: _____

I am grateful for

I am grateful for

I am grateful for

I am grateful for

The GRATITUDE JOURNAL

Date:

I am grateful for

I am grateful for

I am grateful for

I am grateful for

Date:

I am grateful for

I am grateful for

I am grateful for

I am grateful for

Date: _____

I am grateful for

I am grateful for

I am grateful for

I am grateful for

Date: _____

I am grateful for

I am grateful for

I am grateful for

I am grateful for

The GRATITUDE JOURNAL

Date:

I am grateful for

I am grateful for

I am grateful for

I am grateful for

Date:

I am grateful for

I am grateful for

I am grateful for

I am grateful for

"Dear Lord, I'm so grateful I'm still loved."   -Vivien Leigh

Date: _____

I am grateful for

I am grateful for

I am grateful for

I am grateful for

Date: _____

I am grateful for

I am grateful for

I am grateful for

I am grateful for

The GRATITUDE JOURNAL

Date:

I am grateful for

I am grateful for

I am grateful for

I am grateful for

Date:

I am grateful for

I am grateful for

I am grateful for

I am grateful for

Date:

I am grateful for

I am grateful for

I am grateful for

I am grateful for

Date:

I am grateful for

I am grateful for

I am grateful for

I am grateful for

The GRATITUDE JOURNAL

"Each day offers us the gift of being a special occasion if we can simply learn that as well as giving, it is blessed to receive with grace and a grateful heart."
-Sarah Ban Breathnach

Date:

I am grateful for

I am grateful for

I am grateful for

I am grateful for

Date:

I am grateful for

I am grateful for

I am grateful for

I am grateful for

Date:

I am grateful for

I am grateful for

I am grateful for

I am grateful for

Date:

I am grateful for

I am grateful for

I am grateful for

I am grateful for

The GRATITUDE JOURNAL

Date:

I am grateful for

I am grateful for

I am grateful for

I am grateful for

Date:
"Great indebtedness does not make men grateful, but vengeful; and if a little charity is not forgotten, it turns into a gnawing worm."
-Friedrich Nietzsche

I am grateful for

I am grateful for

I am grateful for

I am grateful for

Date:

I am grateful for

I am grateful for

I am grateful for

I am grateful for

Date:

I am grateful for

I am grateful for

I am grateful for

I am grateful for

The GRATITUDE JOURNAL

Date:

I am grateful for

I am grateful for

I am grateful for

I am grateful for

Date:

I am grateful for

I am grateful for

I am grateful for

I am grateful for

Date: _____

I am grateful for

I am grateful for

I am grateful for

I am grateful for

Date: _____

> I am very grateful to God everyday that my eyes flutter open and I can jump out of that bed! -Jerry Reed

I am grateful for

I am grateful for

I am grateful for

I am grateful for

The GRATITUDE JOURNAL

Date:

I am grateful for

I am grateful for

I am grateful for

I am grateful for

Date:

I am grateful for

I am grateful for

I am grateful for

I am grateful for

Date:

I am grateful for

I am grateful for

I am grateful for

I am grateful for

Date:

I am grateful for

I am grateful for

I am grateful for

I am grateful for

The GRATITUDE JOURNAL

Date: _____

"Gratitude is riches. Complaint is poverty." -Doris Day

I am grateful for

I am grateful for

I am grateful for

I am grateful for

Date: _____

I am grateful for

I am grateful for

I am grateful for

I am grateful for

Date: _____

I am grateful for

I am grateful for

I am grateful for

I am grateful for

Date: _____

I am grateful for

I am grateful for

I am grateful for

I am grateful for

The GRATITUDE JOURNAL

Date:

I am grateful for

I am grateful for

I am grateful for

I am grateful for

Date:

I am grateful for

I am grateful for

I am grateful for

I am grateful for

Date: _____

I am grateful for

I am grateful for

I am grateful for

I am grateful for

Date: _____

I am grateful for

I am grateful for

I am grateful for

I am grateful for

The GRATITUDE JOURNAL

Date:

I am grateful for

I am grateful for

I am grateful for

I am grateful for

"In daily life we must see that it is not happiness that makes us grateful, but gratefulness that makes us happy." -Brother David Steindl-Rast

Date:

I am grateful for

I am grateful for

I am grateful for

I am grateful for

Date:

I am grateful for

I am grateful for

I am grateful for

I am grateful for

Date:

I am grateful for

I am grateful for

I am grateful for

I am grateful for

The GRATITUDE JOURNAL

Date:

I am grateful for

I am grateful for

I am grateful for

I am grateful for

Date:

I am grateful for

I am grateful for

I am grateful for

I am grateful for

Date: _____

I am grateful for

I am grateful for

I am grateful for

I am grateful for

Date: _____

I am grateful for

I am grateful for

I am grateful for

I am grateful for

The GRATITUDE JOURNAL

"Happiness cannot be traveled to, owned, earned, worn or consumed. Happiness is the spiritual experience of living every minute with love, grace, and gratitude."   -Denis Waitley

Date:

I am grateful for

I am grateful for

I am grateful for

I am grateful for

Date:

I am grateful for

I am grateful for

I am grateful for

I am grateful for

Date: _____

I am grateful for

I am grateful for

I am grateful for

I am grateful for

Date: _____

I am grateful for

I am grateful for

I am grateful for

I am grateful for

The GRATITUDE JOURNAL

Date:

I am grateful for

I am grateful for

I am grateful for

I am grateful for

Date:

I am grateful for

I am grateful for

I am grateful for

I am grateful for

Date: _____

I am grateful for

I am grateful for

I am grateful for

I am grateful for

Date: _____

I am grateful for

I am grateful for

I am grateful for

I am grateful for

The GRATITUDE JOURNAL

"There is always, always, always something to be thankful for."
-Author Unknown

Date:

I am grateful for

I am grateful for

I am grateful for

I am grateful for

Date:

I am grateful for

I am grateful for

I am grateful for

I am grateful for

Date:

I am grateful for

I am grateful for

I am grateful for

I am grateful for

Date:

I am grateful for

I am grateful for

I am grateful for

I am grateful for

The GRATITUDE JOURNAL

Date:

I am grateful for

I am grateful for

I am grateful for

I am grateful for

Date

I am grateful for

I am grateful for

I am grateful for

I am grateful for

Date:

I am grateful for

I am grateful for

I am grateful for

I am grateful for

Date:

I am grateful for

I am grateful for

I am grateful for

I am grateful for

The GRATITUDE JOURNAL

Date:

I am grateful for

I am grateful for

I am grateful for

I am grateful for

Date

"Let us serve the world soulfully. The pay we will receive for our service will be in the currency of gratitude. God's gratitude." -Sri Chinmoy

I am grateful for

I am grateful for

I am grateful for

I am grateful for

Date:

I am grateful for

I am grateful for

I am grateful for

I am grateful for

Date:

I am grateful for

I am grateful for

I am grateful for

I am grateful for

The GRATITUDE JOURNAL

Date:

I am grateful for

I am grateful for

I am grateful for

I am grateful for

Date:

I am grateful for

I am grateful for

I am grateful for

I am grateful for

Date:

I am grateful for

I am grateful for

I am grateful for

I am grateful for

Date:

I am grateful for

I am grateful for

I am grateful for

I am grateful for

The GRATITUDE JOURNAL

Date:

I am grateful for

I am grateful for

I am grateful for

I am grateful for

He who knows that enough is enough will always have enough.
-Lao Tzu

Date:

I am grateful for

I am grateful for

I am grateful for

I am grateful for

Date: _____

I am grateful for

I am grateful for

I am grateful for

I am grateful for

Date: _____

I am grateful for

I am grateful for

I am grateful for

I am grateful for

The GRATITUDE JOURNAL

Date:

I am grateful for

I am grateful for

I am grateful for

I am grateful for

Date:

I am grateful for

I am grateful for

I am grateful for

I am grateful for

"No one is useless in this world who lightens the burden of another."
- Charles Dickens

Date: _____

I am grateful for

I am grateful for

I am grateful for

I am grateful for

Date: _____

I am grateful for

I am grateful for

I am grateful for

I am grateful for

The GRATITUDE JOURNAL

Date:

I am grateful for

I am grateful for

I am grateful for

I am grateful for

Date:

I am grateful for

I am grateful for

I am grateful for

I am grateful for

Date: _____

I am grateful for

I am grateful for

I am grateful for

I am grateful for

Date: _____

I am grateful for

I am grateful for

I am grateful for

I am grateful for

The GRATITUDE JOURNAL

Date:

I am grateful for

I am grateful for

I am grateful for

I am grateful for

Date:

"We should all be thankful for those people who rekindle the inner spirit."
-Albert Schweitzer

I am grateful for

I am grateful for

I am grateful for

I am grateful for

Date: _____

I am grateful for

I am grateful for

I am grateful for

I am grateful for

Date: _____

I am grateful for

I am grateful for

I am grateful for

I am grateful for

The GRATITUDE JOURNAL

Date:

I am grateful for

I am grateful for

I am grateful for

I am grateful for

Date:

I am grateful for

I am grateful for

I am grateful for

I am grateful for

Date: _____

I am grateful for

I am grateful for

I am grateful for

I am grateful for

Date: _____

I am grateful for

I am grateful for

I am grateful for

I am grateful for

The GRATITUDE JOURNAL

Date:

I am grateful for

I am grateful for

I am grateful for

I am grateful for

Date:

I am grateful for

I am grateful for

I am grateful for

I am grateful for

Date: _____

I am grateful for

I am grateful for

I am grateful for

I am grateful for

Date: _____

I am grateful for

I am grateful for

I am grateful for

I am grateful for

The GRATITUDE JOURNAL

"Some people are always grumbling because roses have thorns;
I am thankful that thorns have roses." -Alphonse Karr

Date:

I am grateful for

I am grateful for

I am grateful for

I am grateful for

Date:

I am grateful for

I am grateful for

I am grateful for

I am grateful for

Date: _____

I am grateful for

I am grateful for

I am grateful for

I am grateful for

Date: _____

I am grateful for

I am grateful for

I am grateful for

I am grateful for

The GRATITUDE JOURNAL

Date:

I am grateful for

I am grateful for

I am grateful for

I am grateful for

Date:

I am grateful for

I am grateful for

I am grateful for

I am grateful for

Date:

I am grateful for

I am grateful for

I am grateful for

I am grateful for

Date:

I am grateful for

I am grateful for

I am grateful for

I am grateful for

The GRATITUDE JOURNAL

Date:

I am grateful for

I am grateful for

I am grateful for

I am grateful for

Date:

I am grateful for

I am grateful for

I am grateful for

I am grateful for

Date: _____

I am grateful for

I am grateful for

I am grateful for

I am grateful for

Date: _____

"If you haven't all the things you want, be grateful for the things you don't have that you wouldn't want." -Unknown

I am grateful for

I am grateful for

I am grateful for

I am grateful for

The GRATITUDE JOURNAL

Date:

I am grateful for

I am grateful for

I am grateful for

I am grateful for

Date:

I am grateful for

I am grateful for

I am grateful for

I am grateful for

Date:

I am grateful for

I am grateful for

I am grateful for

I am grateful for

Date:

I am grateful for

I am grateful for

I am grateful for

I am grateful for

The GRATITUDE JOURNAL

Date:

I am grateful for

I am grateful for

I am grateful for

I am grateful for

Date:

I am grateful for

I am grateful for

I am grateful for

I am grateful for

Date:

I am grateful for

I am grateful for

I am grateful for

I am grateful for

Date:

I am grateful for

I am grateful for

I am grateful for

I am grateful for

The GRATITUDE JOURNAL

Date:

I am grateful for

I am grateful for

I am grateful for

I am grateful for

Date:

I am grateful for

I am grateful for

I am grateful for

I am grateful for

Date: _____

I am grateful for

I am grateful for

I am grateful for

I am grateful for

"A noble person is mindful and thankful for the favor she receives from others." -Buddha

Date: _____

I am grateful for

I am grateful for

I am grateful for

I am grateful for

The GRATITUDE JOURNAL

Date:

I am grateful for

I am grateful for

I am grateful for

I am grateful for

Date:

I am grateful for

I am grateful for

I am grateful for

I am grateful for

Date:

I am grateful for

I am grateful for

I am grateful for

I am grateful for

Date:

I am grateful for

I am grateful for

I am grateful for

I am grateful for

The GRATITUDE JOURNAL

Date:

I am grateful for

I am grateful for

I am grateful for

I am grateful for

Date:

I am grateful for

I am grateful for

I am grateful for

I am grateful for

"You won't be happy with more until you're happy with what you've got."
-Viki King

Date: _____

I am grateful for

I am grateful for

I am grateful for

I am grateful for

Date: _____

I am grateful for

I am grateful for

I am grateful for

I am grateful for

The GRATITUDE JOURNAL

Date:

I am grateful for

I am grateful for

I am grateful for

I am grateful for

Date:

I am grateful for

I am grateful for

I am grateful for

I am grateful for

Date: _____

I am grateful for

I am grateful for

I am grateful for

I am grateful for

Date: _____

I am grateful for

I am grateful for

I am grateful for

I am grateful for

The GRATITUDE JOURNAL

Date:

I am grateful for

I am grateful for

I am grateful for

I am grateful for

Date:

I am grateful for

I am grateful for

I am grateful for

I am grateful for

Date:

I am grateful for

I am grateful for

I am grateful for

I am grateful for

Date:

I am grateful for

I am grateful for

I am grateful for

I am grateful for

The GRATITUDE JOURNAL

Date:

I am grateful for

I am grateful for

I am grateful for

I am grateful for

> "Gratitude is something of which none of us can give too much. For on the smiles, the thanks we give, our little gestures of appreciation, our neighbors build their philosophy of life."
> – A. J. Cronin

Date:

I am grateful for

I am grateful for

I am grateful for

I am grateful for

Date: _____

I am grateful for

I am grateful for

I am grateful for

I am grateful for

Date: _____

I am grateful for

I am grateful for

I am grateful for

I am grateful for

The GRATITUDE JOURNAL

Date:

I am grateful for

I am grateful for

I am grateful for

I am grateful for

Date:

I am grateful for

I am grateful for

I am grateful for

I am grateful for

Date: _____

I am grateful for

I am grateful for

I am grateful for

I am grateful for

Date: _____

I am grateful for

I am grateful for

I am grateful for

I am grateful for

The GRATITUDE JOURNAL

Date:

I am grateful for

I am grateful for

I am grateful for

I am grateful for

Date:

I am grateful for

I am grateful for

I am grateful for

I am grateful for

Date:

I am grateful for

I am grateful for

I am grateful for

I am grateful for

Date:

I am grateful for

I am grateful for

I am grateful for

I am grateful for

The GRATITUDE JOURNAL

Date:

I am grateful for

I am grateful for

I am grateful for

I am grateful for

Date:

I am grateful for

I am grateful for

I am grateful for

I am grateful for

Date: _____

I am grateful for

I am grateful for

I am grateful for

I am grateful for

Date: _____

I am grateful for

I am grateful for

I am grateful for

I am grateful for

The GRATITUDE JOURNAL

Date:

"People who live the most fulfilling lives are the ones who are always rejoicing at what they have." -Richard Carlson, PhD

I am grateful for

I am grateful for

I am grateful for

I am grateful for

Date:

I am grateful for

I am grateful for

I am grateful for

I am grateful for

Date: _____

I am grateful for

I am grateful for

I am grateful for

I am grateful for

Date: _____

I am grateful for

I am grateful for

I am grateful for

I am grateful for

The GRATITUDE JOURNAL

Date:

I am grateful for

I am grateful for

I am grateful for

I am grateful for

Date:

I am grateful for

I am grateful for

I am grateful for

I am grateful for

Date: _____

I am grateful for

I am grateful for

I am grateful for

I am grateful for

Date: _____

I am grateful for

I am grateful for

I am grateful for

I am grateful for

The GRATITUDE JOURNAL

Date:

I am grateful for

I am grateful for

I am grateful for

I am grateful for

Date:

I am grateful for

I am grateful for

I am grateful for

I am grateful for

Date:

I am grateful for

I am grateful for

I am grateful for

I am grateful for

Date:

I am grateful for

I am grateful for

I am grateful for

I am grateful for

The GRATITUDE JOURNAL

Date:

I am grateful for

I am grateful for

I am grateful for

I am grateful for

Date:

I am grateful for

I am grateful for

I am grateful for

I am grateful for

Date: _____

I am grateful for

I am grateful for

I am grateful for

I am grateful for

Date: _____

I am grateful for

I am grateful for

I am grateful for

I am grateful for

The GRATITUDE JOURNAL

Date:

I am grateful for

I am grateful for

I am grateful for

I am grateful for

Date:

I am grateful for

I am grateful for

I am grateful for

I am grateful for

Date: _____

I am grateful for

I am grateful for

I am grateful for

I am grateful for

"The single greatest thing you can do to change your life today would be to start being grateful for what you have right now." -Oprah Winfrey

Date: _____

I am grateful for

I am grateful for

I am grateful for

I am grateful for

Date:

I am grateful for

I am grateful for

I am grateful for

I am grateful for

Date:

I am grateful for

I am grateful for

I am grateful for

I am grateful for

Date:

I am grateful for

I am grateful for

I am grateful for

I am grateful for

Date:

I am grateful for

I am grateful for

I am grateful for

I am grateful for

The GRATITUDE JOURNAL

Date:

I am grateful for

I am grateful for

I am grateful for

I am grateful for

Date:

I am grateful for

I am grateful for

I am grateful for

I am grateful for

Date:

I am grateful for

I am grateful for

I am grateful for

I am grateful for

Date:

I am grateful for

I am grateful for

I am grateful for

I am grateful for

The GRATITUDE JOURNAL

Date:

I am grateful for

I am grateful for

I am grateful for

I am grateful for

Date:

I am grateful for

I am grateful for

I am grateful for

I am grateful for

"Things turn out best for people who make the best of the way things turn out." -John Wooden

Date:

I am grateful for

I am grateful for

I am grateful for

I am grateful for

Date:

I am grateful for

I am grateful for

I am grateful for

I am grateful for

The GRATITUDE JOURNAL

Date:

I am grateful for

I am grateful for

I am grateful for

I am grateful for

Date:

I am grateful for

I am grateful for

I am grateful for

I am grateful for

Date:

I am grateful for

I am grateful for

I am grateful for

I am grateful for

Date:

I am grateful for

I am grateful for

I am grateful for

I am grateful for

The GRATITUDE JOURNAL

Date:

I am grateful for

I am grateful for

I am grateful for

I am grateful for

Date:

I am grateful for

I am grateful for

I am grateful for

I am grateful for

Date: _____

I am grateful for

I am grateful for

I am grateful for

I am grateful for

Date: _____

I am grateful for

I am grateful for

I am grateful for

I am grateful for

The GRATITUDE JOURNAL

Date: _____

I am grateful for

I am grateful for

I am grateful for

I am grateful for

"It is impossible to feel grateful and depressed in the same moment."
-Naomi Williams

Date: _____

I am grateful for

I am grateful for

I am grateful for

I am grateful for

Date:

I am grateful for

I am grateful for

I am grateful for

I am grateful for

Date:

I am grateful for

I am grateful for

I am grateful for

I am grateful for

The GRATITUDE JOURNAL

Date:

I am grateful for

I am grateful for

I am grateful for

I am grateful for

Date:

I am grateful for

I am grateful for

I am grateful for

I am grateful for

Date: _____

I am grateful for

I am grateful for

I am grateful for

I am grateful for

Date: _____

I am grateful for

I am grateful for

I am grateful for

I am grateful for

The GRATITUDE JOURNAL

Date:

I am grateful for

I am grateful for

I am grateful for

I am grateful for

Date:

I am grateful for

I am grateful for

I am grateful for

I am grateful for

Date:

I am grateful for

I am grateful for

I am grateful for

I am grateful for

Date:

I am grateful for

I am grateful for

I am grateful for

I am grateful for

The GRATITUDE JOURNAL

Date:

I am grateful for

I am grateful for

I am grateful for

I am grateful for

Date:

I am grateful for

I am grateful for

I am grateful for

I am grateful for

Date:

I am grateful for

I am grateful for

I am grateful for

I am grateful for

Date:

I am grateful for

I am grateful for

I am grateful for

I am grateful for

The GRATITUDE JOURNAL

Date:

I am grateful for

I am grateful for

I am grateful for

I am grateful for

Date:

"Be the change you wish to see in the world."   -Gandhi

I am grateful for

I am grateful for

I am grateful for

I am grateful for

Date:

I am grateful for

I am grateful for

I am grateful for

I am grateful for

Date:

I am grateful for

I am grateful for

I am grateful for

I am grateful for

The GRATITUDE JOURNAL

Date:

I am grateful for

I am grateful for

I am grateful for

I am grateful for

Date:

I am grateful for

I am grateful for

I am grateful for

I am grateful for

Date: _____

I am grateful for

I am grateful for

I am grateful for

I am grateful for

Date: _____

I am grateful for

I am grateful for

I am grateful for

I am grateful for

The GRATITUDE JOURNAL

Date:

I am grateful for

I am grateful for

I am grateful for

I am grateful for

Date:

I am grateful for

I am grateful for

I am grateful for

I am grateful for

Date: _____

I am grateful for

I am grateful for

I am grateful for

I am grateful for

Date: _____

I am grateful for

I am grateful for

I am grateful for

I am grateful for

The GRATITUDE JOURNAL

Date:

I am grateful for

I am grateful for

I am grateful for

I am grateful for

Date:

I am grateful for

I am grateful for

I am grateful for

I am grateful for

Date: _____

> "To be happy at home is the ultimate result of all ambition."
> - Samuel Johnson

I am grateful for

I am grateful for

I am grateful for

I am grateful for

Date: _____

I am grateful for

I am grateful for

I am grateful for

I am grateful for

The GRATITUDE JOURNAL

Date:

I am grateful for

I am grateful for

I am grateful for

I am grateful for

Date:

I am grateful for

I am grateful for

I am grateful for

I am grateful for

Date:

I am grateful for

I am grateful for

I am grateful for

I am grateful for

Date:

I am grateful for

I am grateful for

I am grateful for

I am grateful for

The GRATITUDE JOURNAL

Date:

I am grateful for

I am grateful for

I am grateful for

I am grateful for

Date:

I am grateful for

I am grateful for

I am grateful for

I am grateful for

Date:

I am grateful for

I am grateful for

I am grateful for

I am grateful for

Date:

I am grateful for

I am grateful for

I am grateful for

I am grateful for

The GRATITUDE JOURNAL

Date:

I am grateful for

I am grateful for

I am grateful for

I am grateful for

Date:

I am grateful for

I am grateful for

I am grateful for

I am grateful for

Date:

I am grateful for

I am grateful for

I am grateful for

I am grateful for

Date:

I am grateful for

I am grateful for

I am grateful for

I am grateful for

The GRATITUDE JOURNAL

"There is a calmness to a life lived in Gratitude, a quiet joy."
-Ralph H. Blum

Date:

I am grateful for

I am grateful for

I am grateful for

I am grateful for

Date:

I am grateful for

I am grateful for

I am grateful for

I am grateful for

Date:

I am grateful for

I am grateful for

I am grateful for

I am grateful for

Date:

I am grateful for

I am grateful for

I am grateful for

I am grateful for

The GRATITUDE JOURNAL

Date:

I am grateful for

I am grateful for

I am grateful for

I am grateful for

Date:

I am grateful for

I am grateful for

I am grateful for

I am grateful for

Date: _____

I am grateful for

I am grateful for

I am grateful for

I am grateful for

Date: _____

I am grateful for

I am grateful for

I am grateful for

I am grateful for

The GRATITUDE JOURNAL

Date:

I am grateful for

I am grateful for

I am grateful for

I am grateful for

Date:

I am grateful for

I am grateful for

I am grateful for

I am grateful for

Date: _____

I am grateful for

I am grateful for

I am grateful for

I am grateful for

Date: _____

I am grateful for

I am grateful for

I am grateful for

I am grateful for

The GRATITUDE JOURNAL

Date:

I am grateful for

I am grateful for

I am grateful for

I am grateful for

Date:

I am grateful for

I am grateful for

I am grateful for

I am grateful for

Date:

I am grateful for

I am grateful for

I am grateful for

I am grateful for

Date:

I am grateful for

I am grateful for

I am grateful for

I am grateful for

The GRATITUDE JOURNAL

Date:

I am grateful for

I am grateful for

I am grateful for

I am grateful for

Date:

I am grateful for

I am grateful for

I am grateful for

I am grateful for

Date:

I am grateful for

I am grateful for

I am grateful for

I am grateful for

Date:

I am grateful for

I am grateful for

I am grateful for

I am grateful for

Date:

I am grateful for

I am grateful for

I am grateful for

I am grateful for

Date:

"Live all you can. It's a mistake not to. It doesn't much matter what you do in particular, so much as you LIVE while you're doing it."
-Henry James

I am grateful for

I am grateful for

I am grateful for

I am grateful for

Date:

I am grateful for

I am grateful for

I am grateful for

I am grateful for

Date:

I am grateful for

I am grateful for

I am grateful for

I am grateful for

The GRATITUDE JOURNAL

Date:

I am grateful for

I am grateful for

I am grateful for

I am grateful for

Date:

I am grateful for

I am grateful for

I am grateful for

I am grateful for

Date:

I am grateful for

I am grateful for

I am grateful for

I am grateful for

Date:

I am grateful for

I am grateful for

I am grateful for

I am grateful for

The GRATITUDE JOURNAL

Date:

I am grateful for

I am grateful for

I am grateful for

I am grateful for

Date:

I am grateful for

I am grateful for

I am grateful for

I am grateful for

Date: _____

I am grateful for

I am grateful for

I am grateful for

I am grateful for

Date: _____

I am grateful for

I am grateful for

I am grateful for

I am grateful for

The GRATITUDE JOURNAL

Date:

I am grateful for

I am grateful for

I am grateful for

I am grateful for

Date:

I am grateful for

I am grateful for

I am grateful for

I am grateful for

Date: _____

I am grateful for

I am grateful for

I am grateful for

I am grateful for

"We live in deeds, not years; in thoughts, not figures on a dial. We should count time by heart-throbs. He most lives who thinks most, feels the noblest, acts the best." -Phillip James Bailey

Date: _____

I am grateful for

I am grateful for

I am grateful for

I am grateful for

The GRATITUDE JOURNAL

Date:

I am grateful for

I am grateful for

I am grateful for

I am grateful for

Date:

I am grateful for

I am grateful for

I am grateful for

I am grateful for

Date:

I am grateful for

I am grateful for

I am grateful for

I am grateful for

Date:

I am grateful for

I am grateful for

I am grateful for

I am grateful for

The GRATITUDE JOURNAL

Date:

I am grateful for

I am grateful for

I am grateful for

I am grateful for

Date:

I am grateful for

I am grateful for

I am grateful for

I am grateful for

Date:

I am grateful for

I am grateful for

I am grateful for

I am grateful for

Date:

I am grateful for

I am grateful for

I am grateful for

I am grateful for

The GRATITUDE JOURNAL

Date:

I am grateful for

I am grateful for

I am grateful for

I am grateful for

Date:

I am grateful for

I am grateful for

I am grateful for

I am grateful for

Date: _____

I am grateful for

I am grateful for

I am grateful for

I am grateful for

Date: _____

I am grateful for

I am grateful for

I am grateful for

I am grateful for

The GRATITUDE JOURNAL

Date:

I am grateful for

I am grateful for

I am grateful for

I am grateful for

Date:

I am grateful for

I am grateful for

I am grateful for

I am grateful for

Date:

I am grateful for

I am grateful for

I am grateful for

I am grateful for

Date:

I am grateful for

I am grateful for

I am grateful for

I am grateful for

The GRATITUDE JOURNAL

Date:

I am grateful for

I am grateful for

I am grateful for

I am grateful for

Date:

I am grateful for

I am grateful for

I am grateful for

I am grateful for

"Appreciation can make a day, even change a life. Your willingness to put it into words is all that is necessary."   -Margaret Cousins

Date:

I am grateful for

I am grateful for

I am grateful for

I am grateful for

Date:

I am grateful for

I am grateful for

I am grateful for

I am grateful for

The GRATITUDE JOURNAL

Date:

I am grateful for

I am grateful for

I am grateful for

I am grateful for

Date:

I am grateful for

I am grateful for

I am grateful for

I am grateful for

Date:

I am grateful for

I am grateful for

I am grateful for

I am grateful for

Date:

I am grateful for

I am grateful for

I am grateful for

I am grateful for

The GRATITUDE JOURNAL

Date:

I am grateful for

I am grateful for

I am grateful for

I am grateful for

Date:

I am grateful for

I am grateful for

I am grateful for

I am grateful for

Date:

I am grateful for

I am grateful for

I am grateful for

I am grateful for

Date:

I am grateful for

I am grateful for

I am grateful for

I am grateful for

The GRATITUDE JOURNAL

Date:

I am grateful for

I am grateful for

I am grateful for

I am grateful for

Date:

I am grateful for

I am grateful for

I am grateful for

I am grateful for

Date: _____

I am grateful for

I am grateful for

I am grateful for

I am grateful for

Date: _____

I am grateful for

I am grateful for

I am grateful for

I am grateful for

The GRATITUDE JOURNAL

Date:

I am grateful for

I am grateful for

I am grateful for

I am grateful for

Date:

I am grateful for

I am grateful for

I am grateful for

I am grateful for

> "To love for the sake of being loved is human, But to love for the sake of loving is angelic." -Alphonse De Lamartine

Date:

I am grateful for

I am grateful for

I am grateful for

I am grateful for

Date:

I am grateful for

I am grateful for

I am grateful for

I am grateful for

The GRATITUDE JOURNAL

Date:

I am grateful for

I am grateful for

I am grateful for

I am grateful for

Date:

I am grateful for

I am grateful for

I am grateful for

I am grateful for

Date:

I am grateful for

I am grateful for

I am grateful for

I am grateful for

Date:

I am grateful for

I am grateful for

I am grateful for

I am grateful for

The GRATITUDE JOURNAL

Date:

I am grateful for

I am grateful for

I am grateful for

I am grateful for

"Your thoughts and beliefs of the past have created this moment, and all the moments up to this moment. What you are now choosing to believe and think and say will create the next moment and the next day and the next month and the next year." -Louise Hay

The GRATITUDE JOURNAL

BEST MOMENTS OF 20

GOALS FOR 20

The GRATITUDE JOURNAL

NOTES

NOTES

OTHER BOOKS BY VIVIAN TENORIO:

Pink Slip to Product Launch in a Weak Economy

Pregnancy Journal: heartwarming memories

High School Journal: 4-year journal of my high school years

Wisdom Journal: wisdom worth passing on

Dating Journal: remember why you fell in love

2012 - 2020 Gratitude Journal: magical moments should be remembered forever

2012 - 2020 Dream Journal: remember your dreams forever

IN SPANISH

Diario de Embarazo: tiernos recuerdos

2012 – 2020 Diario de Gratitud: los momentos mágicos deben ser recordados

2012 – 2020 Diario de Sueños: recuerde sus suenos para siempre

ABOUT THE AUTHOR

Vivian Tenorio is an entrepreneur, coach, author/speaker, and creator of a host of self-help journals, she is known as a tenacious, untiring entrepreneur..

Vivian also created a successful publishing company, and her inspirational journals are now helping thousands of people worldwide record their magical life's moments and helping teach kids and adults the importance of gratitude.

Visit Vivian's website for videos about her journals:
www.viviantenorio.com
www.YouTube.com/SecretLifeofVivian

Vivian Tenorio's story has been featured on: CBS The Talk - The Today Show - Good Morning America - Good Morning Texas - Maria Shiver's The Women's Conference - The Willis Report - WomenEntrepreneur.com - Fox Business News - Hybrid Mom - ABC News NOW - Tory Johnson's Spark & Hustle

Made in United States
Orlando, FL
23 November 2021